Beyond the Waves And More Bilingual Brazilian Portuguese-English Stories

Pomme Bilingual

Published by Pomme Bilingual, 2024.

While every precaution has been taken in the preparation of this book, the publisher assumes no responsibility for errors or omissions, or for damages resulting from the use of the information contained herein.

BEYOND THE WAVES AND MORE BILINGUAL BRAZILIAN PORTUGUESE-ENGLISH STORIES

First edition. December 6, 2024.

Copyright © 2024 Pomme Bilingual.

ISBN: 979-8230954798

Written by Pomme Bilingual.

Table of Contents

A Chave do Coração

————

Na charmosa e movimentada Vila Madalena, em São Paulo, vivia Dona Clara, uma mulher de sessenta e poucos anos com um sorriso tão caloroso quanto o sol de um dia de verão. Clara era uma chaveira talentosa, conhecida por sua habilidade de abrir qualquer fechadura e, de vez em quando, corações endurecidos. Seu pequeno chaveiro, chamado *"Chave de Ouro"*, era um ponto de encontro para os moradores do bairro, não apenas por seus serviços rápidos e impecáveis, mas também pela alegria e conversa fácil que Clara proporcionava.

Um dia, um homem alto, de cabelos desalinhados e olhos castanhos intensos, entrou na loja carregando uma bolsa de couro bem gasta. Ele parecia desconfortável, como se aquele pequeno espaço o intimidasse. Clara, como sempre, foi acolhedora.

— Bom dia! Como posso ajudar? — perguntou, ajustando os óculos enquanto observava o visitante.

— Boa tarde — respondeu o homem, com uma voz suave e grave. — Meu nome é Rafael. Preciso de ajuda com essa fechadura. Ela não abre de jeito nenhum.

Ele colocou uma pequena caixa de madeira sobre o balcão. Clara analisou o objeto com curiosidade.

— Parece antiga. Alguma relíquia de família? — perguntou, tentando puxar assunto enquanto pegava suas ferramentas.

— Era do meu pai. Ele usava para guardar cartas importantes. Achei que fosse interessante colocá-la na vitrine da minha livraria, mas não consigo abri-la.

Clara sorriu. — Ah, então você é o dono daquela livraria nova na esquina? Já ouvi falar muito bem.

Rafael assentiu, mas desviou o olhar, visivelmente tímido. Clara percebeu e decidiu que ele era um daqueles que precisavam de um pouco mais de paciência.

— Bem, vamos ver o que posso fazer — disse ela, com a voz calma.

Com habilidade, Clara examinou a fechadura. Enquanto trabalhava, ela começou a conversar.

— Sabia que meu avô foi um dos primeiros chaveiros do bairro? Ele me ensinou tudo o que sei. Dizem que abrir fechaduras é como desvendar mistérios.

Rafael esboçou um leve sorriso. — Parece que você gosta de histórias tanto quanto eu.

— Ah, histórias estão em todo lugar. Inclusive, às vezes, escondidas atrás de uma fechadura — disse Clara, piscando um olho.

Depois de alguns minutos, com um leve *clique*, a caixa se abriu. Dentro, havia cartas antigas e uma pequena foto em preto e branco de um casal sorridente.

Rafael pegou a foto com cuidado, os olhos cheios de emoção.

— Eles são meus pais. Não sabia que essa foto estava aqui.

Clara percebeu a vulnerabilidade dele naquele momento e ofereceu um sorriso gentil.

— É um belo tesouro que você encontrou.

— Obrigado. Não só pela ajuda com a fechadura, mas... por ouvir. É raro encontrar alguém que realmente escuta.

Clara deu de ombros, tentando parecer casual, mas sentiu o coração aquecer.

— É para isso que servem os bons vizinhos, não é?

Nos dias seguintes, Rafael passou a visitar o chaveiro com mais frequência, sempre com uma desculpa — "uma chave nova para a porta dos fundos", "uma fechadura que parecia emperrada". Clara, é claro, sabia que aquelas visitas tinham pouco a ver com problemas mecânicos.

Com o tempo, os dois começaram a compartilhar mais histórias. Rafael contava sobre sua paixão por livros antigos e sobre como a livraria era um sonho que ele finalmente havia realizado. Clara falava sobre sua vida, suas aventuras como chaveira e os pequenos segredos que Vila Madalena guardava.

Certa tarde, enquanto Rafael tomava coragem para convidá-la para um café, Clara interrompeu seus pensamentos.

— Sabe, Rafael, você é bem mais que um dono de livraria tímido. Acho que é um contador de histórias esperando ser descoberto.

Ele riu, surpreso com a observação.

— E você, Clara, não é apenas uma chaveira. Você tem o dom de abrir portas que nem sabíamos que estavam fechadas.

Naquele momento, os dois perceberam que algo especial havia surgido entre eles. Não era apenas amizade, mas uma conexão que crescia devagar, como as melhores histórias de amor.

Na semana seguinte, um cartaz apareceu na vitrine do chaveiro: *"Chave de Ouro: Onde as portas se abrem e as histórias começam"*. E, na livraria de Rafael, um evento especial foi anunciado: *"Uma noite de histórias com Dona Clara"*.

A boêmia Vila Madalena ganhou não apenas novos eventos, mas também uma dupla inesperada que provava que o amor, assim como uma chave perdida, pode ser encontrado nos lugares mais improváveis.

The Key to the Heart

In the charming and bustling Vila Madalena in São Paulo, lived Dona Clara, a woman in her sixties with a smile as warm as the sun on a summer day. Clara was a talented locksmith, known for her ability to open any lock and, from time to time, hardened hearts. Her small shop, called *"Golden Key"*, was a gathering spot for the neighborhood residents, not only for her quick and impeccable services but also for the joy and easy conversation Clara provided.

One day, a tall man with messy hair and intense brown eyes entered the shop carrying a well-worn leather bag. He seemed uncomfortable, as if the small space intimidated him. Clara, as always, was welcoming.

"Good morning! How can I help?" she asked, adjusting her glasses as she observed the visitor.

"Good afternoon," replied the man in a soft, deep voice. "My name is Rafael. I need help with this lock. It just won't open."

He placed a small wooden box on the counter. Clara studied the object with curiosity.

"It looks old. A family heirloom?" she asked, trying to make conversation while picking up her tools.

"It belonged to my father. He used it to store important letters. I thought it would be interesting to display it in the window of my bookstore, but I can't get it open."

Clara smiled. "Ah, so you're the owner of that new bookstore on the corner? I've heard great things about it."

Rafael nodded but averted his gaze, clearly shy. Clara noticed and decided he was one of those who needed a bit more patience.

"Well, let's see what I can do," she said calmly.

With skill, Clara examined the lock. As she worked, she began to chat.

"Did you know my grandfather was one of the first locksmiths in the neighborhood? He taught me everything I know. They say unlocking locks is like solving mysteries."

Rafael gave a small smile. "It seems you love stories as much as I do."

"Oh, stories are everywhere. Sometimes, even hidden behind a lock," Clara said, winking.

After a few minutes, with a light *click*, the box opened. Inside were old letters and a small black-and-white photo of a smiling couple.

Rafael carefully picked up the photo, his eyes full of emotion.

"They're my parents. I didn't know this photo was here."

Clara sensed his vulnerability at that moment and offered a kind smile.

"It's a beautiful treasure you've found."

"Thank you. Not just for the help with the lock, but... for listening. It's rare to find someone who really listens."

Clara shrugged, trying to appear casual, but her heart warmed.

"That's what good neighbors are for, right?"

In the days that followed, Rafael began visiting the locksmith more frequently, always with an excuse—"a new key for the back door," "a lock that seemed stuck." Clara, of course, knew that those visits had little to do with mechanical problems.

Over time, they began sharing more stories. Rafael spoke of his passion for old books and how the bookstore was a dream he had finally realized. Clara talked about her life, her adventures as a locksmith, and the little secrets that Vila Madalena held.

One afternoon, as Rafael was gathering the courage to invite her for a coffee, Clara interrupted his thoughts.

"You know, Rafael, you're much more than a shy bookstore owner. I think you're a storyteller waiting to be discovered."

He laughed, surprised by the observation.

"And you, Clara, aren't just a locksmith. You have the gift of unlocking doors we didn't even know were closed."

At that moment, they both realized something special had blossomed between them. It wasn't just friendship, but a connection that grew slowly, like the best love stories.

The following week, a poster appeared in the locksmith's window: *"Golden Key: Where doors open and stories begin."* And in Rafael's bookstore, a special event was announced: *"A Night of Stories with Dona Clara."*

The bohemian Vila Madalena gained not only new events but also an unexpected duo who proved that love, like a lost key, can be found in the most unlikely places.

Sob o Sol da Bahia

A brisa quente e salgada do mar tocava o rosto de Ana Beatriz enquanto ela caminhava pelas ruas coloridas da pequena cidade litorânea de Morro do Sol, na Bahia. Depois de anos trabalhando como chef em restaurantes renomados de São Paulo, ela decidira retornar à sua terra natal, em busca de algo mais genuíno. Um sonho que sempre alimentara: abrir seu próprio restaurante, um lugar que misturasse a culinária baiana tradicional com um toque moderno.

A cidade, com suas ruas de paralelepípedos e fachadas coloridas, era um lugar onde o tempo parecia desacelerar. Ana Beatriz sentia que estava em casa, mas algo nela ainda não se sentia completamente encaixado. Talvez fosse o fato de que Morro do Sol, apesar de encantadora, guardava segredos, alguns que Ana não sabia se queria descobrir.

Enquanto escolhia o local para o seu restaurante, Ana Beatriz cruzou um rosto familiar. João Paulo, o pescador local, estava na beira do cais, com suas mãos ásperas e bronzeadas pelo sol, lançando redes no mar. Seu olhar, sempre distante, parecia agora mais intenso, mais profundo. Ela lembrou-se dele de sua juventude, um rapaz quieto, mas com um charme inegável que ela nunca conseguira resistir.

Ele a viu e sorriu, embora seu sorriso fosse discreto, como se ainda houvesse algo não dito entre eles.

— O que traz você de volta à nossa pequena cidade? — perguntou ele, parando por um momento no que estava fazendo.

Ana Beatriz deu um passo à frente, sentindo o calor do dia misturado à tensão entre eles.

— Tenho planos de abrir um restaurante aqui, João Paulo. Quero trazer algo novo para a cidade, algo que celebre nossas raízes e, ao mesmo tempo, ofereça algo de diferente.

— Isso é bom, a cidade precisa de mais vida. — Ele falou, mas seu tom era cauteloso, como se algo o estivesse preocupando.

Ela sorriu, tentando mudar o rumo da conversa.

— E você? Continua com sua pesca?

Ele olhou para o mar, como se procurasse algo na linha do horizonte.

— A pesca nunca me abandona, mas há coisas que a gente carrega... que a gente tenta esquecer.

Ana Beatriz sentiu uma pontada de curiosidade, mas sabia que ele não era do tipo que gostava de falar sobre o passado. Aquele era um dos seus mistérios, e ela não sabia se deveria tentar desvendar.

Nos dias que se seguiram, ela se dedicou a seu projeto, mas não conseguiu deixar de pensar em João Paulo. Ele estava sempre ali, perto do mar, com o olhar distante, como se a cidade fosse um lugar onde ele não se encaixava, embora nunca falasse sobre isso.

O restaurante de Ana Beatriz começou a ganhar forma, e ela sentia que tudo estava se alinhando perfeitamente. Mas a conexão entre ela e João Paulo também crescia, embora silenciosamente, entre olhares furtivos e breves encontros à beira-mar. Algo a atraía para ele, como se ele fosse uma parte essencial daquela paisagem, mas ela não sabia bem o que era.

Uma tarde, enquanto ela caminhava pela praia para inspecionar o local onde o restaurante seria construído, encontrou João Paulo mais uma vez, sozinho, jogado em uma cadeira de praia, com a vista para o oceano. Ela se aproximou com cuidado, mas ele a viu antes que pudesse se esconder.

— Está se afastando do restaurante? — perguntou ele, com uma expressão séria.

— Não, apenas olhando o lugar. Ainda estou decidindo os últimos detalhes — respondeu Ana Beatriz, sentando ao lado dele na cadeira.

— A cidade está mudando... e você também.

Ana Beatriz olhou para ele, surpresa pela sinceridade nas suas palavras.

— Todos mudam, João Paulo. Até mesmo nós.

Ele balançou a cabeça lentamente, como se tivesse algo a dizer, mas hesitasse. Foi então que ela percebeu que ele carregava mais do que o peso das redes de pesca.

— O que você está escondendo? — perguntou ela, com a voz baixa, quase um sussurro.

João Paulo permaneceu em silêncio por um momento, olhando para o mar como se procurasse respostas. Quando finalmente falou, sua voz era como uma onda suave.

— Eu... eu não sou apenas um pescador. Já fui... alguém diferente. Alguém que se envolveu em coisas que não posso deixar para trás.

Ana Beatriz sentiu uma dor no peito, uma mistura de surpresa e uma sensação de alerta. Ela queria perguntar mais, mas sentia que ele não estava pronto para compartilhar tudo. Ao invés disso, ela tocou sua mão suavemente.

— Todos têm um passado, João Paulo. O que importa é o que fazemos com ele agora.

Naquele momento, algo mudou entre os dois. O silêncio se rompeu, mas as palavras que ficaram no ar eram mais fortes do que qualquer explicação.

Nos dias seguintes, a verdade sobre o passado de João Paulo começou a vir à tona. Ele fora envolvido em um escândalo de pesca ilegal, o que o fizera se afastar de tudo e de todos. Mas sua verdadeira luta era interna, tentando se redimir e encontrar uma forma de seguir em frente sem carregar a culpa que o assombrava.

Ana Beatriz, com seu espírito compreensivo, não desistiu dele. Ela sabia que o amor que estava crescendo entre eles não poderia ser interrompido por segredos antigos. Juntos, começaram a desvendar as camadas de mistério e dor que envolviam a vida de João Paulo, e, no processo, Ana Beatriz descobriu que o restaurante, mais do que um projeto profissional, seria também um espaço para eles dois se reconstruírem.

No dia da inauguração do restaurante, Morro do Sol estava radiante. As cores do pôr do sol se misturavam ao cheiro da comida baiana que Ana Beatriz preparava com tanto carinho. João Paulo estava lá, ao seu lado, com um sorriso sincero. O passado ainda estava ali, mas agora ele estava mais longe, e o futuro parecia mais promissor.

Sob o sol da Bahia, Ana Beatriz e João Paulo haviam encontrado algo que nem o mar nem o tempo poderiam apagar: a chance de um novo começo, um amor que não temia as tempestades, mas que sabia como navegar pelas águas turbulentas do passado.

Under the Sun of Bahia

The warm, salty sea breeze brushed against Ana Beatriz's face as she walked through the colorful streets of the small coastal town of Morro do Sol, in Bahia. After years working as a chef in renowned restaurants in São Paulo, she had decided to return to her hometown in search of something more genuine. A dream she had always nurtured: to open her own restaurant, a place that blended traditional Bahian cuisine with a modern touch.

The town, with its cobblestone streets and colorful facades, felt like a place where time seemed to slow down. Ana Beatriz felt at home, but something inside her still didn't quite fit. Maybe it was the fact that Morro do Sol, despite its charm, held secrets—some she didn't know if she wanted to uncover.

While choosing the location for her restaurant, Ana Beatriz crossed paths with a familiar face. João Paulo, the local fisherman, was by the dock, his rough, sun-tanned hands casting nets into the sea. His gaze, always distant, now seemed more intense, deeper. She remembered him from her youth—a quiet guy with an undeniable charm that she had never been able to resist.

He saw her and smiled, though his smile was discreet, as if something unsaid still lingered between them.

"What brings you back to our little town?" he asked, pausing for a moment in his work.

Ana Beatriz took a step forward, feeling the heat of the day mix with the tension between them.

"I'm planning to open a restaurant here, João Paulo. I want to bring something new to the town, something that celebrates our roots while offering something different."

"That's good, the town needs more life," he said, but his tone was cautious, as if something was worrying him.

She smiled, trying to change the subject.

"And you? Still fishing?"

He looked out at the sea, as if searching for something on the horizon.

"Fishing never abandons me, but there are things we carry... things we try to forget."

Ana Beatriz felt a twinge of curiosity, but she knew he wasn't the type to talk about the past. That was one of his mysteries, and she wasn't sure if she should try to unravel it.

In the days that followed, she dedicated herself to her project but couldn't stop thinking about João Paulo. He was always there, near the sea, with a distant gaze, as if the town was a place where he didn't belong, even though he never spoke about it.

Ana Beatriz's restaurant began to take shape, and she felt everything was falling into place. But the connection between her and João Paulo also grew, silently, through furtive glances and brief encounters by the sea. Something drew her to him, as if he were an essential part of that landscape, but she didn't quite know what it was.

One afternoon, while walking along the beach to inspect the site where the restaurant would be built, she found João Paulo once again, alone, sprawled in a beach chair with a view of the ocean. She approached carefully, but he saw her before she could hide.

"Are you stepping away from the restaurant?" he asked, his expression serious.

"No, just checking out the place. I'm still deciding on the final details," Ana Beatriz replied, sitting next to him in the chair.

"The town is changing… and so are you."

Ana Beatriz looked at him, surprised by the sincerity in his words.

"Everyone changes, João Paulo. Even us."

He shook his head slowly, as if he had something to say but hesitated. That's when she realized he carried more than just the weight of the fishing nets.

"What are you hiding?" she asked, her voice low, almost a whisper.

João Paulo remained silent for a moment, looking at the sea as if searching for answers. When he finally spoke, his voice was like a soft wave.

"I… I'm not just a fisherman. I used to be… someone different. Someone who got involved in things I can't leave behind."

Ana Beatriz felt a pain in her chest, a mix of surprise and an alert feeling. She wanted to ask more, but she sensed he wasn't ready to share everything. Instead, she gently touched his hand.

"Everyone has a past, João Paulo. What matters is what we do with it now."

At that moment, something shifted between them. The silence was broken, but the words that hung in the air were stronger than any explanation.

In the following days, the truth about João Paulo's past began to surface. He had been involved in an illegal fishing scandal, which had caused him to withdraw from everything and everyone. But his real struggle was internal, trying to redeem himself and find a way forward without carrying the guilt that haunted him.

Ana Beatriz, with her understanding spirit, didn't give up on him. She knew that the love growing between them couldn't be interrupted by old secrets. Together, they began to unravel the layers of mystery and pain surrounding João Paulo's life, and in the process, Ana Beatriz discovered that the restaurant, more than a professional project, would also be a space for them both to rebuild.

On the day of the restaurant's opening, Morro do Sol was radiant. The colors of the sunset blended with the smell of the Bahian food Ana Beatriz prepared with so much love. João Paulo was there, by her side, with a sincere smile. The past was still there, but now it seemed more distant, and the future felt more promising.

Under the sun of Bahia, Ana Beatriz and João Paulo had found something that neither the sea nor time could erase: the chance for a new beginning, a love that didn't fear storms but knew how to navigate the turbulent waters of the past.

O Silêncio do Jardim

O sol estava começando a se pôr atrás das montanhas que cercavam o Rio de Janeiro quando Marina chegou à velha mansão, a herança que nunca imaginara receber. O caminho que a levou até lá era estreito, rodeado por árvores antigas e arbustos espessos que pareciam engolir a estrada. Quando ela finalmente avistou a mansão, sua silhueta era imponente contra o céu tingido de laranja e roxo. A casa, com suas paredes de pedra desgastadas e janelas quebradas, parecia quase uma ruína, mas Marina sabia que ali estava o último vestígio de sua família.

O testamento de sua tia-avó, dona Lúcia, havia sido claro e direto: a mansão seria dela. Marina, que cresceu longe daquela parte da família, não soubera do vínculo com aquela propriedade até o momento da leitura do testamento. O motivo pelo qual sua tia-avó a escolhera como herdeira permanecia um mistério. Ela nunca havia visitado a mansão, nem sabia muito sobre sua história, apenas que a propriedade ficava isolada, longe da agitação da cidade.

Ao chegar, Marina estacionou o carro e olhou com desconfiança para a enorme casa. O jardim que a cercava estava tomado por plantas selvagens, suas flores e folhas criando uma muralha natural que parecia esconder segredos esquecidos. Uma sensação de inquietação se apoderou dela, mas Marina afastou os pensamentos sombrios. Ela teria que ficar ali por algum tempo, talvez restaurar a casa e descobrir mais sobre o que sua tia-avó deixara para ela.

Entrando pela porta principal, Marina se deparou com um grande hall de entrada, cujas paredes estavam cobertas de mofo e a madeira do piso rangia com o peso de seus passos. Uma escada imponente subia em espiral, levando aos andares superiores, mas foi o aroma da madeira envelhecida e o silêncio profundo que chamaram sua atenção. Havia algo de estranho naquela casa, algo que parecia observar cada movimento dela.

Ela explorou a mansão durante a tarde inteira, cada cômodo parecia em ruínas, mas em cada canto havia também uma beleza sombria, um ar de mistério que a atraía de maneira inexplicável. Quando chegou ao jardim, Marina sentiu como se o tempo tivesse parado. O espaço estava tomado por flores e plantas, muitas das quais ela nunca tinha visto antes. Entre os arbustos altos e os vinhedos que se entrelaçavam nas antigas colunas de pedra, ela ouviu um som suave, como o farfalhar das folhas ao vento. Mas algo mais havia: o som de passos. Não eram os seus.

Antes que pudesse se virar, uma figura apareceu entre as sombras do jardim. Era um homem alto, de cabelos escuros e uma expressão séria, quase sombria. Seus olhos, no entanto, brilhavam com uma intensidade que Marina não conseguia entender. Ele a observou por um momento, e foi ele quem primeiro falou.

— Você deve ser a sobrinha da senhora Lúcia — disse ele com uma voz grave. — Meu nome é Gustavo. Eu sou o botânico que cuida do jardim.

Marina ficou surpresa. Não sabia que havia alguém encarregado dos jardins da mansão.

— Eu não sabia que alguém ainda trabalhava aqui — respondeu, tentando esconder sua surpresa.

Gustavo sorriu levemente, um sorriso que parecia carregar uma tristeza profunda.

— Fui contratado há muitos anos, pela sua tia-avó. Este jardim... tem vida própria. Não é só um jardim comum. Ele guarda segredos, como tudo aqui. Como a própria casa.

Marina sentiu um arrepio ao ouvir aquelas palavras. Ela sabia que o lugar tinha uma energia estranha, mas nunca imaginara que houvesse algo mais. Algo que conectasse o jardim, a casa e os seus próprios pensamentos.

— Segredos? — ela perguntou, o tom curioso, mas também cauteloso.

Gustavo olhou para o jardim com uma expressão distante. Seus olhos pareciam ver além das plantas, além das flores que agora estavam cobertas por uma névoa suave que surgira com a chegada da noite.

— O jardim é mais do que apenas flores e árvores. Há algo de misterioso, algo que a sua tia-avó soubera e que, talvez, você precise descobrir. — Ele hesitou, como se tivesse acabado de revelar mais do que deveria. — Se você se dispor a ouvir, posso te mostrar o que ele esconde.

Marina ficou em silêncio por um momento, o coração batendo mais rápido. Algo em Gustavo a fazia sentir que havia muito mais por trás de suas palavras.

— O que você quer dizer? — perguntou ela, agora com mais insistência.

Gustavo não respondeu imediatamente. Em vez disso, ele a conduziu mais fundo pelo jardim, onde as sombras eram mais densas e as plantas mais exuberantes. O som de seus passos parecia abafado pela vegetação que se fechava ao redor deles. O ar estava úmido e denso, e a sensação de que algo os observava crescia a cada passo.

Eles pararam diante de uma antiga estufa de vidro, coberta por musgo e plantas que se entrelaçavam nas vidraças quebradas. Gustavo abriu a porta com cuidado, revelando um mundo de plantas raras e flores exóticas, algumas das quais nunca Marina tinha visto antes. Mas havia algo mais ali. Um objeto que chamava a atenção: uma pequena chave de ouro repousando sobre uma mesa de ferro.

— Esta chave... — disse Gustavo, com uma voz quase sussurrante — pertence à sua tia-avó. Ela dizia que a chave tinha o poder de desbloquear algo muito mais profundo do que você pode imaginar. Um segredo da casa. Um segredo do jardim.

Marina estendeu a mão, hesitante. A chave parecia pulsar com uma energia própria, como se fosse uma parte viva do mistério que cercava a mansão. Quando ela a tocou, uma sensação fria percorreu seu corpo, e por um momento ela sentiu que estava sendo transportada para um lugar que não pertencia ao tempo comum.

— O que é isso? — perguntou Marina, a voz tensa.

Gustavo olhou-a com um semblante grave.

— Essa chave abre algo que sua tia-avó guardou em segredo. E agora, você está ligada a isso. O que você descobrirá, não sei. Mas algo me diz que este é o seu destino.

O silêncio do jardim parecia envolver tudo, como se as plantas e árvores soubessem de algo que Marina ainda não compreendia. O mistério da mansão estava prestes a ser desvendado, e ela sabia que, ao seguir Gustavo, estava se entregando ao desconhecido.

Mas seria ela capaz de enfrentar o segredo que aquele jardim escondia? E o que a chave de ouro realmente abriria?

Marina respirou fundo, sentindo o peso do momento, e, com um olhar para Gustavo, deu o primeiro passo para o que prometia ser uma jornada de descobertas — e talvez, de uma paixão inesperada.

The Silence of the Garden

The sun was beginning to set behind the mountains surrounding Rio de Janeiro when Marina arrived at the old mansion, the inheritance she had never imagined receiving. The path that led her there was narrow, lined with ancient trees and thick bushes that seemed to swallow the road. When she finally glimpsed the mansion, its silhouette stood imposing against the sky tinged with orange and purple. The house, with its worn stone walls and broken windows, looked almost like a ruin, but Marina knew that this was the last trace of her family.

Her great-aunt, Dona Lúcia's will had been clear and direct: the mansion was to be hers. Marina, who had grown up far from that side of the family, hadn't known about the connection to this property until the reading of the will. The reason her great-aunt had chosen her as the heir remained a mystery. She had never visited the mansion, nor did she know much about its history, except that the property was isolated, far from the bustle of the city.

Upon arrival, Marina parked the car and looked warily at the enormous house. The garden that surrounded it was overtaken by wild plants, their flowers and leaves creating a natural wall that seemed to hide forgotten secrets. A feeling of unease overcame her, but Marina pushed the dark thoughts aside. She would have to stay there for a while, perhaps restore the house and uncover more about what her great-aunt had left her.

Entering through the main door, Marina was met by a large entrance hall, its walls covered in mold and the wooden floor creaking under the weight of her steps. A grand staircase spiraled upward, leading to the upper floors, but it was the scent of the aged wood and the deep silence that caught her attention. There was something strange about the house, something that seemed to watch her every move.

She explored the mansion the entire afternoon, each room seemed in ruins, but in every corner, there was also a dark beauty, an air of mystery that inexplicably drew her in. When she reached the garden, Marina felt as though time had stopped. The space was filled with flowers and plants, many of which she had never seen before. Among the tall bushes and the vines that intertwined around the old stone columns, she heard a soft sound, like the rustling of leaves in the wind. But there was something more: the sound of footsteps. They were not hers.

Before she could turn around, a figure appeared from the shadows of the garden. He was a tall man with dark hair and a serious, almost somber expression. His eyes, however, shone with an intensity that Marina couldn't understand. He watched her for a moment, and he was the first to speak.

"You must be the niece of Mrs. Lúcia," he said in a deep voice. "My name is Gustavo. I'm the botanist who takes care of the garden."

Marina was surprised. She didn't know that anyone was in charge of the mansion's gardens.

"I didn't know anyone still worked here," she replied, trying to hide her surprise.

Gustavo gave a faint smile, a smile that seemed to carry a deep sadness.

"I was hired many years ago by your great-aunt. This garden... it has a life of its own. It's not just a regular garden. It holds secrets, like everything here. Like the house itself."

A shiver ran down Marina's spine as she heard those words. She knew the place had a strange energy, but she had never imagined there was

Poesia nas Entrelinhas

Manuela sempre se sentiu mais à vontade entre as palavras do que entre as pessoas. Poeta por natureza, ela carregava o peso das emoções em versos, transformando sua dor, suas alegrias e suas observações do mundo em linhas de poesia. Mas, após um coração partido, as palavras pareciam ter se esvaído de sua alma, como se a tinta tivesse secado nas profundezas do seu ser. Cada poema que tentava escrever era uma luta, uma batalha interna entre o que ela queria expressar e o que sua dor permitia que ela dissesse.

Foi por isso que decidiu se afastar da cidade e buscar um refúgio onde pudesse se recompor. O Pantanal, com sua vastidão, sua tranquilidade e sua natureza intocada, parecia o lugar perfeito para esse recomeço. Ela precisava de silêncio, de espaço, e do contato com a natureza para que sua mente se acalmasse e a inspiração pudesse voltar a ela.

Quando Manuela chegou à pequena pousada à beira de um dos rios do Pantanal, ela foi recebida pela imensidão da paisagem: um verde sem fim, o canto dos pássaros e o murmúrio suave da água. O cenário parecia perfeito, como se o próprio Pantanal fosse um poema. Ela logo se sentiu acolhida, como se tivesse encontrado o lugar onde poderia redescobrir quem ela realmente era.

Naquele ambiente, os dias passavam lentamente, sem pressa. Manuela se dedicava a caminhadas solitárias pela região, a observar os animais e a se perder nos pequenos detalhes da paisagem. No entanto, havia algo diferente, algo que ela ainda não conseguia compreender completamente. Algo que estava prestes a entrar em sua vida.

Em um desses dias, enquanto caminhava por uma trilha ao lado de um rio, Manuela encontrou um homem com uma câmera fotográfica

more to it. Something that connected the garden, the house, and her own thoughts.

"Secrets?" she asked, her tone curious but also cautious.

Gustavo looked at the garden with a distant expression. His eyes seemed to see beyond the plants, beyond the flowers now covered by a soft mist that had appeared with the arrival of night.

"The garden is more than just flowers and trees. There is something mysterious, something your great-aunt knew, and perhaps you need to discover it." He hesitated, as if he had just revealed more than he should have. "If you're willing to listen, I can show you what it hides."

Marina fell silent for a moment, her heart beating faster. There was something about Gustavo that made her feel there was much more behind his words.

"What do you mean?" she asked, now more insistently.

Gustavo didn't answer immediately. Instead, he led her deeper into the garden, where the shadows were thicker and the plants more abundant. The sound of their footsteps seemed muffled by the dense vegetation closing in around them. The air was humid and thick, and the feeling that something was watching them grew with each step.

They stopped in front of an old glass greenhouse, covered in moss and plants that intertwined in the broken windows. Gustavo carefully opened the door, revealing a world of rare plants and exotic flowers, some of which Marina had never seen before. But there was something else there. An object that caught her attention: a small golden key resting on an iron table.

"This key..." said Gustavo in a near-whispering voice, "belongs to your great-aunt. She said the key had the power to unlock something much deeper than you can imagine. A secret of the house. A secret of the garden."

Marina extended her hand hesitantly. The key seemed to pulse with a life of its own, as if it were a living part of the mystery surrounding the mansion. When she touched it, a cold sensation ran through her body, and for a moment, she felt as if she were being transported to a place that didn't belong to the normal flow of time.

"What is this?" Marina asked, her voice tense.

Gustavo looked at her with a grave expression.

"This key opens something your great-aunt kept secret. And now, you're connected to it. What you discover, I don't know. But something tells me this is your destiny."

The silence of the garden seemed to envelop everything, as if the plants and trees knew something Marina still didn't understand. The mystery of the mansion was about to be unraveled, and she knew that by following Gustavo, she was surrendering herself to the unknown.

But would she be able to face the secret the garden hid? And what would the golden key really open?

Marina took a deep breath, feeling the weight of the moment, and with a glance at Gustavo, took the first step into what promised to be a journey of discoveries—and perhaps, an unexpected passion.

Cartas Nunca Enviadas

Curitiba sempre teve uma atmosfera peculiar, com suas ruas arborizadas, clima instável e a constante presença de cafés aconchegantes que se espalhavam por toda a cidade. Um desses cafés, o "Papel e Caneta", era famoso pela sua pequena, mas interessante tradição: um programa de troca de cartas anônimas. As pessoas podiam escrever cartas sem se identificar, depositá-las em uma caixa e retirar as cartas de outras pessoas. Era um lugar onde as palavras podiam florescer sem as pressões do mundo digital, e onde dois corações desconhecidos poderiam se conectar através de simples palavras no papel.

Elisa e Fernando estavam ambos envolvidos nesse programa, embora nem soubessem da existência um do outro. Eles se encontraram pela primeira vez em cartas que nunca foram enviadas — ou melhor, nunca foram enviadas diretamente, mas circulavam entre os corações anônimos de ambos.

Elisa, uma escritora de 30 anos, com um sorriso encantador e uma capacidade incrível de encontrar humor nas situações mais simples da vida, nunca pensou que pudesse se envolver com alguém por meio de um programa de cartas. Ela estava em uma fase da vida onde preferia a companhia dos livros aos encontros casuais. Mas algo naquele pequeno café a atraía, como se as palavras escritas pudessem finalmente lhe proporcionar algo que ela não encontrava nos romances que costumava escrever.

Fernando, por outro lado, era um escritor de 35 anos, conhecido pela sua seriedade e profundidade literária. Sua escrita, embora respeitada, carregava um tom melancólico que refletia sua visão de um mundo um tanto cínico. Ele achava que um bom livro deveria desenterrar as emoções mais intensas, e que o amor verdadeiro só se revelava nas coisas mais simples, como um gesto silencioso ou um olhar furtivo. As cartas, para ele, eram uma forma de explorar essa ideia.

Quando Elisa pegou a primeira carta, algo nela se reconheceu na escrita de Fernando. Ela sentiu a sinceridade, e, ao mesmo tempo, uma provocação inteligente nas palavras dele. Era como se ele falasse diretamente ao seu coração. Ela respondeu com leveza e uma boa dose de humor, não temendo se expor um pouco, mas sem revelar sua identidade. Quando Fernando leu a resposta de Elisa, ele não pôde deixar de sorrir. A mulher por trás das palavras tinha uma graça inusitada, algo que ele não conseguia tirar da cabeça.

E assim, o ciclo continuou por semanas. As cartas se entrelaçavam, trocando ideias sobre literatura, cinema, a vida cotidiana e, claro, o amor. Fernando gostava de sua visão pragmática, enquanto Elisa se encantava com sua intensidade, suas observações meticulosas sobre a vida e o amor. Eles eram diferentes, mas de alguma forma, aqueles pequenos pedaços de papel pareciam ser a tradução perfeita daquilo que seus corações buscavam.

Mas, como todas as histórias de cartas anônimas, a curiosidade sobre quem estavam conversando começou a crescer. Elisa sentia que poderia ser qualquer um, mas não tinha coragem de buscar mais. Já Fernando, por mais que quisesse revelar-se, sentia que as cartas tinham um charme inexplicável justamente por manterem a identidade oculta. Isso era parte do fascínio.

Um dia, Elisa entrou no café, como fazia sempre, para verificar se havia mais cartas na caixa. Quando ela se aproximou da mesa onde habitualmente sentava, notou que o café estava mais cheio do que o normal. Ela tentou se acomodar, mas foi interrompida por uma voz suave, um pouco familiar, que a fez virar.

— Elisa? — disse Fernando, com um sorriso tímido, um tanto desconcertado.

Ela congelou por um instante. Não era a primeira vez que ela ouvia aquela voz, mas agora, de alguma forma, parecia diferente. Os olhos de Fernando estavam cheios de uma sinceridade que ela já conhecia, mas com a adição de algo novo, algo que ela não conseguia identificar de imediato.

— Você... — começou Elisa, com uma risada nervosa. — Você é o Fernando?

Fernando riu baixinho, aliviado pela reação dela.

— Sim. E você deve ser a Elisa, claro. Não tinha como não ser. Afinal, quem mais teria esse tipo de resposta para minhas cartas?

Elisa sorriu, desconcertada, e se sentou à mesa. Não era uma coincidência, eles se encontraram ali, no lugar onde tudo começou. Conversaram por horas, como se as palavras escritas nas cartas se dessem a liberdade de continuar fluindo, agora sem o filtro da escrita. Eles se descobriram, não apenas nas cartas, mas nas pequenas diferenças que os tornavam completos.

Fernando falava sobre a melancolia de suas histórias, sobre como ele acreditava que o amor era, muitas vezes, um jogo de sombras e luzes. Elisa, por outro lado, compartilhava suas visões mais otimistas, suas ideias sobre como o amor deveria ser simples, divertido, e muitas vezes inesperado. Eles eram opostos, mas, de algum modo, isso fazia com que se encaixassem perfeitamente. A sintonia entre eles era algo que nem mesmo suas diferenças podiam diminuir.

A conversa fluía naturalmente, e logo o café foi fechando ao redor deles, mas nenhum dos dois queria ir embora. As palavras que trocavam agora não eram mais de cartas anônimas, mas uma continuação daquilo que tinham começado a construir. Quando a conversa finalmente chegou ao fim, com promessas de mais encontros, Fernando perguntou:

— Então... você acredita em coincidências?

Elisa pensou por um momento, um sorriso brincando nos lábios.

— Talvez, ou talvez o destino tenha uma maneira peculiar de nos juntar — disse ela, com um brilho nos olhos. — Ou talvez, o amor seja simplesmente isso. Algo que já está escrito, mas que, de alguma forma, tem que ser descoberto aos poucos.

Fernando sorriu, concordando com a leveza de suas palavras.

— E talvez as cartas nunca enviadas sejam, na verdade, aquelas que mais precisamos ouvir.

Naquele momento, com o café vazio ao redor, ambos souberam que as cartas, embora nunca tivessem sido enviadas da maneira tradicional, haviam cumprido seu propósito. Elas os trouxeram até ali, para um futuro que estava apenas começando, cheio de promessas de novas cartas, novas palavras e, acima de tudo, de um amor que, finalmente, seria revelado.

Letters Never Sent

Curitiba has always had a peculiar atmosphere, with its tree-lined streets, unpredictable weather, and the constant presence of cozy cafés scattered throughout the city. One of these cafés, "Papel e Caneta" (Pen and Paper), was famous for its small yet interesting tradition: an anonymous letter exchange program. People could write letters without identifying themselves, drop them into a box, and take out letters from others. It was a place where words could blossom without the pressures of the digital world, where two unknown hearts could connect through simple words on paper.

Elisa and Fernando were both involved in this program, though they didn't know of each other's existence. They first met through letters that were never sent—well, never sent directly, but circulated among the anonymous hearts of both.

Elisa, a 30-year-old writer with a charming smile and an incredible ability to find humor in the simplest situations of life, never thought she could get involved with someone through a letter exchange program. She was at a stage in life where she preferred the company of books to casual encounters. But something about that little café drew her in, as if the written words could finally give her something she didn't find in the novels she usually wrote.

Fernando, on the other hand, was a 35-year-old writer known for his seriousness and literary depth. His writing, though respected, carried a melancholic tone that reflected his view of a somewhat cynical world. He believed a good book should unearth the most intense emotions and that true love was often revealed in the simplest things—a silent gesture or a fleeting glance. The letters, to him, were a way to explore this idea.

When Elisa picked up the first letter, she recognized something of herself in Fernando's writing. She felt the sincerity, and at the same time, an intelligent provocation in his words. It was as if he spoke directly to her heart. She responded with lightness and a good dose of humor, not afraid to expose herself a little but without revealing her identity. When Fernando read Elisa's reply, he couldn't help but smile. The woman behind the words had an unusual grace, something he couldn't get out of his mind.

And so, the cycle continued for weeks. The letters intertwined, exchanging ideas about literature, cinema, daily life, and, of course, love. Fernando appreciated her pragmatic view, while Elisa was charmed by his intensity, his meticulous observations of life and love. They were different, but somehow, those small pieces of paper seemed to be the perfect translation of what their hearts were searching for.

But, like all stories of anonymous letters, the curiosity about who they were talking to began to grow. Elisa felt it could be anyone, but she didn't have the courage to look further. As for Fernando, though he wanted to reveal himself, he felt that the letters had an inexplicable charm because they kept their identity hidden. That was part of the allure.

One day, Elisa entered the café, as she did every day, to check if there were any new letters in the box. When she approached the table where she usually sat, she noticed the café was busier than usual. She tried to find a seat but was interrupted by a soft, somewhat familiar voice that made her turn.

"Elisa?" said Fernando, with a shy smile, somewhat embarrassed.

She froze for a moment. It wasn't the first time she'd heard that voice, but now, somehow, it seemed different. Fernando's eyes were filled with sincerity she already knew, but with the addition of something new—something she couldn't immediately identify.

"You..." Elisa started, with a nervous laugh. "You're Fernando?"

Fernando chuckled softly, relieved by her reaction.

"Yes. And you must be Elisa, of course. It couldn't be anyone else. After all, who else would have that kind of reply to my letters?"

Elisa smiled, flustered, and sat down at the table. It wasn't a coincidence. They had met there, in the place where it all started. They talked for hours, as if the words written in the letters gave them the freedom to keep flowing, now without the filter of writing. They discovered each other, not just in the letters, but in the small differences that made them complete.

Fernando spoke about the melancholy of his stories, about how he believed love was often a game of shadows and light. Elisa, on the other hand, shared her more optimistic views, her ideas about how love should be simple, fun, and often unexpected. They were opposites, but somehow, that made them fit together perfectly. The harmony between them was something even their differences couldn't diminish.

The conversation flowed naturally, and soon the café began closing around them, but neither wanted to leave. The words they exchanged were no longer anonymous letters, but a continuation of what they had started to build. When the conversation finally came to an end, with promises of more meetings, Fernando asked:

"So... do you believe in coincidences?"

Elisa thought for a moment, a smile playing on her lips.

"Maybe, or maybe fate has a peculiar way of bringing us together," she said, with a sparkle in her eyes. "Or maybe love is simply that. Something that's already written, but somehow has to be discovered little by little."

Fernando smiled, agreeing with the lightness of her words.

"And maybe the unsent letters are, in fact, the ones we need to hear the most."

In that moment, with the empty café around them, they both knew that the letters, though never sent in the traditional way, had fulfilled their purpose. They had brought them to that point, to a future that was just beginning, full of promises of new letters, new words, and, above all, a love that would finally be revealed.

Além das Ondas

Helena sempre teve tudo o que uma mulher poderia desejar: beleza, inteligência, sucesso. Aos 35 anos, ela era uma das arquitetas mais renomadas de São Paulo, com uma carreira brilhante que a levava de projeto em projeto, sempre cercada de luxo e prestígio. Sua vida era cheia de jantares de gala, reuniões com clientes importantes, viagens internacionais e uma rotina repleta de compromissos. Mas, por mais que tivesse tudo o que o mundo material podia oferecer, Helena sentia que algo estava faltando.

Talvez fosse o cansaço. Talvez fosse o vazio que a acompanhava, mesmo nos momentos de maior sucesso. Ou talvez fosse a falta de algo mais genuíno, mais profundo. Algo que ela não sabia bem o que era, mas que começava a sentir como uma inquietação constante em seu peito. Foi então que ela decidiu fazer uma pausa, afastar-se da agitação da cidade e ir a Florianópolis, uma cidade costeira no sul do Brasil, famosa por suas praias deslumbrantes e seu ambiente tranquilo.

Ao chegar, Helena se sentiu como se tivesse entrado em um novo mundo. A beleza natural de Florianópolis era de tirar o fôlego: as praias de areia branca, o mar azul e as montanhas ao fundo faziam qualquer um esquecer a agitação urbana. Ela se hospedou em uma pousada à beira-mar, buscando exatamente a paz que seu corpo e sua alma precisavam. Mas o que ela não esperava era encontrar, naquele paraíso tropical, algo que mudaria sua vida para sempre.

Foi em uma manhã ensolarada, enquanto passeava pela praia, que ela o viu pela primeira vez. Lucas, um homem de aparência simples, mas de presença marcante. Ele estava sozinho, caminhando pela areia com uma cesta de conchas nas mãos, como se fosse um caçador de tesouros do mar.

Helena observou-o de longe, curiosa. Lucas tinha uma beleza rústica, com cabelos escuros bagunçados pelo vento e olhos azuis que pareciam refletir o próprio oceano. Seu jeito descontraído e sua simplicidade contrastavam fortemente com o mundo de luxo e sofisticação em que Helena vivia.

Nos dias seguintes, ela o viu várias vezes pela praia. Não havia pressa em suas ações, apenas um gosto pelo momento presente. Ele parecia tão à vontade com a natureza, como se ela fosse sua casa. Um dia, ela finalmente se aproximou dele. Ela tinha um sorriso discreto nos lábios, mas o nervosismo estava claro em seus olhos.

— Olá — disse Helena, quebrando o silêncio.

Lucas olhou para ela, surpreso, mas logo sorriu, seu sorriso tímido, mas acolhedor.

— Olá. Não te vi por aqui antes — respondeu ele, com um sotaque suave.

Helena sentiu uma leve onda de desconforto. Ele parecia tão... real, tão distante de tudo o que ela estava acostumada. Mas havia algo em seus olhos, uma sinceridade crua que a atraía. Eles começaram a conversar, e Helena descobriu que Lucas era um "beachcomber", alguém que passava seus dias à beira-mar, coletando conchas, pedras e outros tesouros trazidos pelas ondas. Não tinha uma profissão formal, mas era um homem que entendia o valor da vida simples e tranquila, longe das pressões do mundo moderno.

Com o passar dos dias, a conexão entre eles se aprofundou. Helena, que sempre fora focada em seu trabalho e em sua vida agitada, começou a questionar tudo o que conhecia. Lucas não era rico, não tinha status, mas havia algo nele que a fazia sentir-se viva de uma maneira que ela jamais imaginou ser possível. Ele tinha uma sabedoria silenciosa, uma tranquilidade que ela nunca experimentara antes. A cada conversa, ela se via mais atraída por sua visão de vida, por seu jeito despreocupado e, ao mesmo tempo, profundo.

Eles passavam horas conversando à beira-mar, com o som das ondas quebrando ao fundo. Lucas compartilhava histórias sobre a vida no litoral, sobre como o mar tinha a capacidade de curar e renovar as pessoas. Ele falava de um modo simples, mas apaixonado, e Helena, que sempre teve dificuldades para desacelerar, sentia-se relaxada e em paz ao seu lado. Algo dentro dela estava se transformando.

Em uma noite quente, enquanto caminhavam pela praia sob a luz suave da lua, Lucas parou e olhou para o horizonte.

— Você já percebeu como o mar nunca é o mesmo? — perguntou ele, a voz baixa.

Helena olhou para ele, pensativa. Ela sentia que aquilo era mais do que uma simples observação sobre a natureza.

— Como assim? — perguntou ela.

— O mar é como a vida. Sempre muda, sempre traz algo novo. Às vezes, é calmo e sereno, outras vezes, é agitado e imprevisível. Mas nunca é o mesmo. Assim como as pessoas... Não somos os mesmos de ontem, e nunca seremos os mesmos amanhã. A única coisa constante é o movimento.

Helena ficou em silêncio, absorvendo suas palavras. Ela sentiu algo profundo dentro de si, como se estivesse na beira de uma revelação. Tudo o que ela sempre conheceu — seu trabalho, sua carreira, seu estilo de vida — agora parecia pequeno diante da imensidão daquele mar e da sabedoria silenciosa de Lucas.

Os dias seguintes foram preenchidos com mais momentos ao lado de Lucas, mas Helena sabia que sua vida não poderia continuar como estava.

Ela tinha um compromisso em São Paulo, um grande projeto arquitetônico no qual estava envolvida, e uma vida que não podia simplesmente abandonar. Mas, ao mesmo tempo, sabia que aquela experiência, aquele amor inesperado e transformador, a havia mudado para sempre.

Na última noite de sua estadia, Helena se sentou à beira-mar, com os pés na água e o coração apertado. Lucas se aproximou dela, e, sem dizer uma palavra, se sentou ao seu lado. Eles ficaram ali por um longo tempo, observando o mar e o céu estrelado. Helena sabia que algo tinha se partido dentro dela, mas ao mesmo tempo, sentia uma paz estranha. Ela se levantou, olhou para Lucas e, com um sorriso triste, disse:

— Eu preciso voltar para minha vida. Mas eu... eu nunca vou esquecer de você, Lucas.

Ele a olhou com um sorriso gentil, mas não disse nada. Apenas a abraçou, e naquele abraço, ela sentiu a força do mar e a doçura do amor que haviam compartilhado. Não precisavam de palavras. O amor deles era como o mar — algo que, embora imprevisível e fugaz, tinha deixado uma marca profunda.

Helena voltou para São Paulo, mas algo dentro dela havia mudado. Ela continuou sua carreira, mas com uma nova perspectiva sobre a vida, o amor e o que realmente importava. E, sempre que o vento soprava com um cheiro de mar, ela sorria e se lembrava de Lucas e das ondas que, de alguma forma, haviam atravessado sua vida para sempre.

Beyond the Waves

Helena had always had everything a woman could wish for: beauty, intelligence, success. At 35, she was one of the most renowned architects in São Paulo, with a brilliant career that took her from project to project, always surrounded by luxury and prestige. Her life was filled with gala dinners, meetings with important clients, international trips, and a schedule packed with commitments. But, as much as she had everything the material world could offer, Helena felt that something was missing.

Perhaps it was the fatigue. Perhaps it was the emptiness that followed her, even in the moments of greatest success. Or maybe it was the lack of something more genuine, something deeper. Something she couldn't quite identify but that began to feel like a constant unease in her chest. It was then that she decided to take a break, to escape the hustle and bustle of the city and head to Florianópolis, a coastal city in southern Brazil, famous for its stunning beaches and peaceful atmosphere.

Upon arrival, Helena felt as though she had entered a new world. The natural beauty of Florianópolis was breathtaking: the white sand beaches, the blue sea, and the mountains in the distance made anyone forget the urban hustle. She stayed at a seaside inn, seeking exactly the peace her body and soul needed. But what she didn't expect was to find, in this tropical paradise, something that would change her life forever.

On a sunny morning, while walking along the beach, she saw him for the first time. Lucas, a man with a simple appearance, yet a striking presence. He was alone, walking along the sand with a basket of shells in his hands, as though he were a treasure hunter of the sea. Helena observed him from afar, curious. Lucas had a rustic beauty, with dark hair tousled by the wind and eyes as blue as the ocean itself. His laid-back demeanor and simplicity stood in sharp contrast to the world of luxury and sophistication Helena was used to.

In the following days, she saw him several times on the beach. There was no rush in his actions, just an appreciation for the present moment. He seemed so at ease with nature, as if it were his home. One day, she finally approached him. She had a small smile on her lips, but the nervousness was evident in her eyes.

"Hello," Helena said, breaking the silence.

Lucas looked at her, surprised, but soon smiled, his smile shy yet welcoming.

"Hello. I haven't seen you around here before," he replied with a soft accent.

Helena felt a slight wave of discomfort. He seemed so... real, so distant from everything she was used to. But there was something in his eyes, a raw sincerity that drew her in. They began talking, and Helena learned that Lucas was a "beachcomber," someone who spent his days by the sea collecting shells, stones, and other treasures brought in by the waves. He didn't have a formal profession, but he was a man who understood the value of a simple, peaceful life, far from the pressures of the modern world.

As the days passed, the connection between them deepened. Helena, who had always been focused on her work and her busy life, began to question everything she knew. Lucas wasn't rich, didn't have status, but there was something in him that made her feel alive in a way she never imagined was possible. He had a silent wisdom, a tranquility she had never experienced before. With each conversation, she found herself more drawn to his perspective on life, to his carefree and yet profound way of being.

They spent hours talking by the sea, with the sound of the waves crashing in the background. Lucas shared stories about life by the coast, about how the sea had the power to heal and renew people. He spoke simply, but with passion, and Helena, who had always struggled to slow down, felt relaxed and at peace by his side. Something within her was changing.

On a warm evening, as they walked along the beach under the soft light of the moon, Lucas stopped and looked at the horizon.

"Have you ever noticed how the sea is never the same?" he asked, his voice soft.

Helena looked at him thoughtfully. She felt that this was more than just an observation about nature.

"What do you mean?" she asked.

"The sea is like life. It's always changing, always bringing something new. Sometimes it's calm and serene, other times it's restless and unpredictable. But it's never the same. Just like people... We're not the same as we were yesterday, and we'll never be the same tomorrow. The only constant is movement."

Helena remained silent, absorbing his words. She felt something deep within her, as though she were on the brink of a revelation. Everything she had ever known — her work, her career, her lifestyle — now seemed small in the face of the vastness of the sea and Lucas's silent wisdom.

The following days were filled with more moments with Lucas, but Helena knew her life could not continue as it was. She had a commitment in São Paulo, a large architectural project she was involved in, and a life she couldn't simply abandon. But, at the same time, she knew that this experience, this unexpected and transformative love, had changed her forever.

On the last night of her stay, Helena sat by the sea, with her feet in the water and her heart heavy. Lucas approached her, and without a word, sat beside her. They stayed there for a long time, watching the sea and the starry sky. Helena knew something inside her had broken, but at the same time, she felt a strange peace. She stood up, looked at Lucas, and with a sad smile, said:

"I have to go back to my life. But I... I will never forget you, Lucas."

He looked at her with a gentle smile, but said nothing. He simply embraced her, and in that embrace, she felt the strength of the sea and the sweetness of the love they had shared. They didn't need words. Their love was like the sea — something that, although unpredictable and fleeting, had left a deep mark.

Helena returned to São Paulo, but something inside her had changed. She continued her career, but with a new perspective on life, love, and what truly mattered. And, whenever the wind blew with the scent of the sea, she smiled and remembered Lucas and the waves that, in some way, had crossed her life forever.

pendurada no pescoço, agachado perto da margem do rio. Ele estava tão concentrado em capturar uma imagem que não percebeu sua presença até que ela o cumprimentou.

— Olá — disse Manuela, com uma voz suave, admirando a maneira como ele se movia com tanta delicadeza.

O homem olhou para ela, surpreso, mas logo sorriu. Era um sorriso genuíno, caloroso, que a fez se sentir imediatamente à vontade.

— Oi! Desculpe, não te vi chegando. Eu estava tentando fotografar uma garça, mas ela voou antes que eu conseguisse a foto perfeita. — Ele deu um leve sorriso de frustração. — Sou Júlio, fotógrafo de natureza.

Manuela, intrigada, se aproximou e observou a câmera dele.

— Eu sou Manuela, uma escritora. Estou aqui tentando encontrar algo... talvez minhas palavras de novo.

Júlio olhou para ela com um olhar curioso, como se tentasse entender o que ela queria dizer. Ele então apontou para o horizonte, onde o sol começava a se pôr, tingindo o céu de laranja e dourado.

— Às vezes, as palavras não são suficientes, não é? A natureza tem uma maneira de falar por si mesma. Cada árvore, cada animal, cada movimento, tudo parece contar uma história, se soubermos prestar atenção.

Manuela ficou em silêncio, absorvendo suas palavras. Algo naquele homem, na forma como ele se conectava com o mundo ao seu redor, tocou algo profundo nela. Ela nunca havia pensado na natureza dessa maneira. Para ela, a natureza sempre foi algo distante, uma inspiração ocasional para seus poemas. Mas Júlio parecia viver e respirar essa conexão de uma maneira tão pura que ela sentiu como se tivesse sido convidada a ver o mundo de uma nova forma.

Nos dias seguintes, eles começaram a passar mais tempo juntos. Júlio levava Manuela a diferentes pontos do Pantanal, sempre atrás de uma nova foto, mas também se encantando pelas pequenas coisas, pelas maravilhas invisíveis à maioria das pessoas. Ele a ensinou a ouvir o silêncio da floresta, a perceber os gestos sutis de um animal em movimento, a beleza escondida nas sombras das árvores. E Manuela, em sua quietude, começou a redescobrir a poesia nas entrelinhas da natureza. A cada passo, a cada palavra trocada, ela sentia que suas feridas estavam começando a cicatrizar.

Júlio, com seu olhar atento e seu coração aberto, era como uma bússola para Manuela. Ele não apenas a ensinava sobre a natureza, mas também sobre si mesma. Ela começou a perceber que, assim como ele caçava imagens, ela poderia caçar palavras, mas com uma diferença: não precisaria mais forçar as palavras a virem. Elas vinham naturalmente, como se o universo estivesse oferecendo um presente a ela. As imagens que Júlio capturava em suas fotos começaram a inspirar seus versos.

Em uma tarde especialmente tranquila, enquanto estavam sentados à beira de um lago, Júlio olhou para Manuela e, com uma expressão séria, disse:

— Você já percebeu como o Pantanal tem uma maneira de te absorver? Como ele nos envolve, nos transforma e nos faz perceber o que é realmente importante? Às vezes, o que precisamos não são mais palavras ou mais imagens, mas apenas a capacidade de ver o que já está diante de nós.

Manuela olhou para ele, e pela primeira vez, ela viu a verdade em seus olhos. As palavras de Júlio tinham a profundidade que ela havia buscado em seus próprios poemas, mas que não conseguia mais encontrar. Ele estava certo. Talvez não fosse necessário encontrar mais palavras para expressar o que ela sentia, talvez fosse suficiente apenas estar ali, naquele momento, com ele, com a natureza.

— Eu acho que encontrei algo que estava perdido em mim... — Manuela disse, com a voz baixa, enquanto sentia a suavidade da brisa em seu rosto. — Algo que não estava nas palavras, mas em tudo o que nos cerca.

Júlio sorriu, sem dizer uma palavra. Ele apenas a observou, como se compreendesse exatamente o que ela queria dizer. E então, sem pressa, ele puxou sua câmera e capturou a imagem deles dois juntos, sentados à beira do lago, a tranquilidade do Pantanal ao fundo.

Nos dias seguintes, Manuela escreveu seus versos novamente, mas agora com uma nova perspectiva. Ela havia encontrado poesia na natureza, no silêncio, no olhar atento de Júlio e na beleza do mundo ao seu redor. Seu coração, antes pesado e vazio, agora estava cheio de novas palavras, palavras que falavam da vida, do amor e da beleza encontrada nas entrelinhas.

Quando chegou o momento de deixar o Pantanal, Manuela sabia que tinha mudado. Ela não era mais a mesma pessoa que havia chegado ali, em busca de refúgio. Ela havia encontrado muito mais: havia redescoberto o amor, não apenas por Júlio, mas pela vida, pela natureza e por ela mesma. E, ao deixar aquele lugar mágico, ela sentiu que suas palavras, agora mais claras e verdadeiras, se tornariam a poesia que ela sempre havia procurado.

E assim, Manuela partiu, com seu coração renovado e com o Pantanal gravado para sempre em seus versos.

Poetry in the Between Lines

Manuela always felt more at ease among words than among people. A poet by nature, she carried the weight of her emotions in verses, turning her pain, her joys, and her observations of the world into lines of poetry. But after a broken heart, the words seemed to have drained from her soul, as if the ink had dried in the depths of her being. Every poem she tried to write was a struggle, an internal battle between what she wanted to express and what her pain would allow her to say.

That's why she decided to leave the city and seek refuge where she could recover. The Pantanal, with its vastness, tranquility, and untouched nature, seemed the perfect place for this fresh start. She needed silence, space, and a connection with nature to calm her mind and allow inspiration to return to her.

When Manuela arrived at the small guesthouse by one of the Pantanal rivers, she was greeted by the immensity of the landscape: an endless green, the song of birds, and the soft murmur of the water. The scene felt perfect, as if the Pantanal itself was a poem. She soon felt welcomed, as if she had found the place where she could rediscover who she truly was.

In this environment, the days passed slowly, without hurry. Manuela devoted herself to solitary walks through the region, observing the animals and getting lost in the small details of the landscape. However, there was something different, something she didn't yet fully understand. Something that was about to enter her life.

One day, while walking along a trail by a river, Manuela came across a man with a camera hanging around his neck, crouched near the riverbank. He was so focused on capturing an image that he didn't notice her presence until she greeted him.

"Hello," said Manuela in a soft voice, admiring the way he moved so delicately.

The man looked up at her, surprised, but soon smiled. It was a genuine, warm smile that immediately put her at ease.

"Hi! Sorry, I didn't see you coming. I was trying to photograph a heron, but it flew away before I could get the perfect shot." He gave a slight smile of frustration. "I'm Júlio, a nature photographer."

Manuela, intrigued, stepped closer and looked at his camera.

"I'm Manuela, a writer. I'm here trying to find something... maybe my words again."

Júlio looked at her with a curious gaze, as if trying to understand what she meant. He then pointed toward the horizon, where the sun was beginning to set, painting the sky with shades of orange and gold.

"Sometimes, words aren't enough, are they? Nature has a way of speaking for itself. Every tree, every animal, every movement—everything seems to tell a story if we know how to listen."

Manuela fell silent, absorbing his words. Something in that man, in the way he connected with the world around him, touched something deep within her. She had never thought about nature that way. For her, nature had always been something distant, an occasional inspiration for her poems. But Júlio seemed to live and breathe this connection in such a pure way that she felt invited to see the world in a new light.

In the following days, they spent more time together. Júlio took Manuela to different spots in the Pantanal, always chasing a new photo but also getting enchanted by the little things, by the wonders invisible to most people. He taught her to listen to the silence of the forest, to notice the subtle gestures of an animal in motion, the beauty hidden in the shadows of the trees. And Manuela, in her quietness, began to rediscover the poetry in the between lines of nature. With each step, with each exchanged word, she felt her wounds begin to heal.

Júlio, with his attentive gaze and open heart, was like a compass for Manuela. He not only taught her about nature, but also about herself. She began to realize that, just as he hunted for images, she could hunt for words, but with one difference: she no longer needed to force the words to come. They came naturally, as if the universe were offering her a gift. The images that Júlio captured in his photos started inspiring her verses.

One especially peaceful afternoon, while sitting by a lake, Júlio looked at Manuela and, with a serious expression, said:

"Have you noticed how the Pantanal has a way of absorbing you? How it envelops us, transforms us, and makes us see what truly matters? Sometimes, what we need isn't more words or more images, but simply the ability to see what's already right in front of us."

Manuela looked at him, and for the first time, she saw the truth in his eyes. Júlio's words held the depth she had been seeking in her own poems, but had been unable to find. He was right. Maybe there was no need to find more words to express what she was feeling; maybe it was enough just to be here, in this moment, with him, with nature.

"I think I've found something I had lost in me..." Manuela said, her voice soft, as she felt the gentleness of the breeze on her face. "Something that wasn't in the words, but in everything around us."

Júlio smiled, without saying a word. He simply watched her, as if he understood exactly what she was trying to say. And then, in his own time, he pulled out his camera and captured an image of the two of them together, sitting by the lake, with the tranquility of the Pantanal in the background.

In the following days, Manuela began writing her verses again, but now with a new perspective. She had found poetry in nature, in silence, in Júlio's attentive gaze, and in the beauty of the world around her. Her heart, once heavy and empty, was now full of new words—words that spoke of life, love, and the beauty found in the between lines.

When the time came to leave the Pantanal, Manuela knew she had changed. She was no longer the same person who had arrived there, seeking refuge. She had found so much more: she had rediscovered love, not only for Júlio but for life, for nature, and for herself. And as she left that magical place, she felt that her words, now clearer and truer, would become the poetry she had always been searching for.

And so, Manuela left, with her heart renewed and the Pantanal forever imprinted in her verses.

Um Tango no Recife

Celina sempre amou dançar. Desde criança, ela se encantava com a magia dos movimentos, com a música que parecia conduzir seu corpo de forma natural. Ela se tornou instrutora de dança de salão em Recife, cidade vibrante onde as ruas e os salões de baile eram cheios de vida e paixão. Seu trabalho a fazia sentir-se realizada, mas, apesar de estar cercada por casais dançando, ela nunca se permitira se envolver profundamente com ninguém. Talvez fosse o medo de perder o controle, ou a ideia de que dançar já era suficiente para ela.

Mas tudo mudou quando Marcos entrou em sua vida.

Ele não tinha nada a ver com o mundo da dança. Marcos era engenheiro, com um olhar meticuloso e uma lógica implacável que contrastava com a fluidez e a leveza da dança. Ele era pragmático, com um jeito sério e de poucos sorrisos, que parecia não se encaixar nas curvas e passos de um tango. Mas, por algum motivo misterioso, ele apareceu na escola de dança de Celina, motivado por um convite que lhe foi feito por um amigo que conhecia a paixão de Marcos por desafios.

— Preciso de uma professora para me ajudar a competir — Marcos disse, de forma seca, enquanto observava Celina dar aulas para um casal ao fundo. — Sou péssimo, mas vou precisar aprender a dançar tango para uma competição importante que acontecerá em duas semanas. Não estou interessado em romantismo, só preciso fazer o básico para não fazer feio.

Celina, embora estivesse acostumada a alunos com pouca experiência, nunca imaginou que alguém tão pragmático quanto Marcos se interessaria por algo tão artístico e fluído como o tango. Ela olhou para ele com um sorriso, mas logo percebeu que ele estava falando sério.

— Tudo bem — ela respondeu, ainda cética. — Vamos tentar.

As primeiras aulas foram um desastre. Marcos parecia um peixe fora d'água, os pés se embaralhavam e ele tinha mais dificuldade para seguir o ritmo da música do que um metronomo desregulado. A cada passo, ele se frustrava, resmungava, e começava a duvidar da sua capacidade de aprender. Celina, por sua vez, tentava manter a calma e o sorriso, mas não conseguia evitar o desconforto de estar com alguém tão resistente à dança.

— Isso não faz sentido! — Marcos reclamou em uma das aulas, após mais um erro que quase fez os dois cair no chão. — Eu sou um engenheiro, Celina! Eu trabalho com lógica, não com... movimentos fluídos e sensibilidade.

Celina riu da situação, tentando não se irritar com as queixas dele. Ela tinha visto tudo na vida — pessoas tímidas, pessoas sem ritmo, pessoas que achavam que dançar era apenas para os talentosos. Ela sabia que poderia ajudá-lo, mas também sabia que Marcos teria que se abrir para a dança de uma maneira que ele nunca imaginou. E ele ainda estava longe disso.

— Marcos — disse Celina com um tom gentil, mas firme —, o tango não é só sobre técnica. É sobre confiança, comunicação e uma certa entrega. Você tem que parar de tentar controlar tudo, porque a dança não é algo que você pode controlar com lógica. Você precisa sentir.

Marcos a olhou com ceticismo, mas algo nas palavras dela tocou uma fibra. Ele se sentia tão fora de lugar, tão perdido naquele mundo de música e movimentos. Ele respirou fundo, tentando se acalmar.

À medida que as semanas passavam, os encontros entre os dois se tornaram mais frequentes. Marcos começou a relaxar, embora com dificuldade, e Celina passou a perceber que havia algo mais nele. Ele tinha uma determinação, uma força de vontade que, embora parecesse fora de lugar no salão de dança, era admirável. Ele não desistia facilmente, e a cada erro, se levantava com mais disposição.

E, aos poucos, ele começou a se soltar. Nos momentos mais leves, quando não havia mais tensão, ele deixava que seu corpo seguisse o ritmo da música. Celina ficou surpresa ao perceber que, de repente, ele estava começando a entender o que ela queria dizer sobre a confiança na dança. Era como se ele estivesse aprendendo a se comunicar de outra forma, sem palavras, apenas através dos movimentos.

Em uma das aulas finais, quando o tango já começava a fluir com mais naturalidade, Marcos a olhou nos olhos, e pela primeira vez, ela viu uma leveza nele, uma expressão mais suave. Era um momento de pura sintonia entre eles, um momento em que a dança parecia mais do que apenas passos — era uma conversa silenciosa, cheia de significados que só os dois podiam entender.

Eles estavam dançando pela última vez antes da competição, e o tango se desenrolava como uma história entre os dois. Marcos, que até então se sentia um peixe fora d'água, estava agora conduzindo os passos com confiança. Celina, por sua vez, sentia algo que não esperava — uma conexão especial com ele. O que antes parecia uma obrigação, agora parecia algo muito mais profundo, algo que ela não sabia como descrever.

— Eu não sabia que você tinha isso em você — Celina disse, sorrindo enquanto eles dançavam.

— Eu também não sabia — Marcos respondeu, com um sorriso sincero. — Mas parece que o tango tem suas próprias regras, e eu comecei a aprender a ouvi-las.

O dia da competição chegou, e embora Marcos ainda fosse um pouco nervoso, ele estava pronto. A sala estava cheia de dançarinos experientes, e Celina sabia que eles não tinham chance de ganhar o primeiro lugar.

Mas ela não se importava. Para ela, aquele tango já era uma vitória. Eles haviam chegado até ali, e isso já significava muito.

Quando chegou a vez deles, Celina sentiu o mesmo nervosismo que Marcos. Mas, ao invés de sentir medo, ela o olhou e sorriu, confiando nele como nunca antes. E, de repente, a música começou a tocar, e eles dançaram. Não era perfeito, mas era real, e havia algo mágico no jeito como Marcos, agora mais calmo, conduzia os passos.

Ao final da dança, quando a música terminou, eles se olharam, e Celina soube. Não importava o resultado da competição. O que importava era o que havia nascido entre eles durante aqueles dias de dança. Algo que era mais forte do que a dança, mais forte do que qualquer lógica, algo que só o tango poderia revelar.

No fim, Marcos e Celina não ganharam o troféu, mas ganharam algo muito mais importante: um ao outro. E, assim, no Recife, entre os salões de baile e as ruas movimentadas, um tango que começou com resistência e frustração se transformou em uma linda história de amor, inesperada e deliciosa.

A Tango in Recife

Celina had always loved to dance. Since she was a child, she was captivated by the magic of movement, by the music that seemed to guide her body naturally. She became a ballroom dance instructor in Recife, a vibrant city where the streets and ballrooms were full of life and passion. Her work made her feel fulfilled, but despite being surrounded by couples dancing, she had never allowed herself to get deeply involved with anyone. Maybe it was the fear of losing control, or the belief that dancing was enough for her.

But everything changed when Marcos entered her life.

He had nothing to do with the world of dance. Marcos was an engineer, with a meticulous eye and an unyielding logic that contrasted sharply with the fluidity and lightness of dance. He was pragmatic, with a serious demeanor and few smiles, which seemed to clash with the curves and steps of a tango. But for some mysterious reason, he showed up at Celina's dance school, motivated by an invitation from a friend who knew about Marcos' love for challenges.

"I need a teacher to help me compete," Marcos said curtly, watching Celina teach a couple in the back. "I'm terrible, but I need to learn to dance tango for an important competition in two weeks. I'm not interested in romance, I just need to do the basics so I don't embarrass myself."

Celina, though used to students with little experience, never imagined that someone as pragmatic as Marcos would be interested in something as artistic and fluid as tango. She looked at him with a smile, but quickly realized he was serious.

"Okay," she replied, still skeptical. "Let's give it a try."

The first lessons were a disaster. Marcos was like a fish out of water, his feet tangled, and he struggled more to follow the rhythm of the music than a malfunctioning metronome. With each step, he grew more frustrated, muttering under his breath, and began doubting his ability to learn. Celina, on the other hand, tried to stay calm and smile, but she couldn't ignore the discomfort of being with someone so resistant to dance.

"This doesn't make sense!" Marcos complained during one lesson, after another mistake almost made them both fall. "I'm an engineer, Celina! I work with logic, not... fluid movements and sensitivity."

Celina laughed at the situation, trying not to get annoyed with his complaints. She had seen it all in life—shy people, people with no rhythm, people who thought dancing was only for the talented. She knew she could help him, but she also knew that Marcos would have to open up to dance in a way he never imagined. And he was still far from that.

"Marcos," Celina said in a gentle but firm tone, "tango isn't just about technique. It's about trust, communication, and a certain surrender. You have to stop trying to control everything, because dance isn't something you can control with logic. You need to feel."

Marcos looked at her skeptically, but something in her words touched a chord. He felt so out of place, so lost in that world of music and movement. He took a deep breath, trying to calm himself.

As the weeks went by, their sessions became more frequent. Marcos began to relax, though with difficulty, and Celina started to notice that there was something more to him. He had a determination, a willpower that, although out of place in the dance studio, was admirable. He didn't give up easily, and with each mistake, he got up with more resolve.

And, little by little, he started to loosen up. In the lighter moments, when the tension was gone, he let his body follow the rhythm of the music. Celina was surprised to see that, suddenly, he was starting to understand what she meant about trust in dance. It was as if he was learning to communicate in a different way, without words, just through movement.

In one of their final lessons, when the tango started to flow more naturally, Marcos looked her in the eyes, and for the first time, she saw a lightness in him, a softer expression. It was a moment of pure harmony between them, a moment when the dance seemed to be more than just steps—it was a silent conversation, full of meanings that only the two of them could understand.

They were dancing for the last time before the competition, and the tango unfolded like a story between them. Marcos, who had once felt like a fish out of water, was now leading the steps with confidence. Celina, in turn, felt something she hadn't expected—a special connection with him. What had once seemed like an obligation now felt much deeper, something she couldn't quite describe.

"I didn't know you had this in you," Celina said, smiling as they danced.

"Neither did I," Marcos replied with a sincere smile. "But it seems tango has its own rules, and I've started learning to listen to them."

The day of the competition arrived, and although Marcos was still a little nervous, he was ready. The room was full of experienced dancers, and Celina knew they had no chance of winning first place. But she didn't mind. For her, that tango was already a victory. They had made it this far, and that meant a lot.

When their turn came, Celina felt the same nervousness as Marcos. But instead of feeling fear, she looked at him and smiled, trusting him like never before. And suddenly, the music began to play, and they danced.

It wasn't perfect, but it was real, and there was something magical in the way Marcos, now calmer, led the steps.

At the end of the dance, when the music stopped, they looked at each other, and Celina knew. It didn't matter what the result of the competition was. What mattered was what had blossomed between them during those days of dance. Something that was stronger than dance, stronger than any logic, something only tango could reveal.

In the end, Marcos and Celina didn't win the trophy, but they gained something much more important: each other. And so, in Recife, among the ballrooms and the bustling streets, a tango that started with resistance and frustration transformed into a beautiful love story, unexpected and delightful.

Entre o Céu e a Terra

Ana Clara sempre teve um dom. Desde jovem, ela sentia uma conexão profunda com a natureza e com as energias que fluíam ao seu redor. Cresceu na cidade de Manaus, mas foi nas profundezas da Amazônia que ela encontrou seu verdadeiro propósito: ajudar os outros a encontrar cura, tanto física quanto espiritual. Ela não era uma curandeira comum. Seu dom vinha de algo mais, algo que ela mal compreendia, mas que a guiava em cada passo.

Foi durante uma tarde quente de verão, enquanto ela estava em um retiro espiritual profundo na floresta, que o destino a fez cruzar com Thiago. Ele não era de Manaus. Era um piloto experiente de uma companhia aérea, e seu trabalho o levava a voar por toda a região amazônica. Nunca imaginou que uma dessas viagens o colocaria no caminho de Ana Clara.

O acidente aconteceu sem aviso. Uma pane no motor fez com que o pequeno avião em que Thiago viajava se chocasse contra uma densa árvore da selva. O impacto foi devastador, mas Thiago, milagrosamente, sobreviveu. Perdido e ferido, ele lutou para sair da aeronave caída. Seu corpo estava dolorido e sangrando, mas ele ainda tinha forças para chamar por ajuda. Porém, o silêncio da selva o envolvia como um manto.

Foi então que Ana Clara ouviu os gritos, bem à distância, enquanto caminhava pela floresta em busca de ervas medicinais. Algo naquelas palavras cortantes fez seu coração acelerar, e ela sabia, de algum modo, que deveria ir até lá. Guiada pela intuição, ela encontrou o local do acidente, onde Thiago estava deitado, inconsciente, com o rosto coberto de sujeira e sangue.

— Você está bem? — ela perguntou, agachando-se ao lado dele e examinando suas feridas com as mãos delicadas. Ele mal conseguia abrir os olhos, mas seu peito ainda se movia com respirações pesadas.

— Eu... eu estou... não sei... — Thiago tentou falar, mas suas palavras saíram entrecortadas. Ele estava fraco, mas algo nas mãos de Ana Clara trouxe um alívio imediato. A energia que ela emanava parecia curar de maneira mágica, e ele começou a sentir que poderia sobreviver.

— Eu sou Ana Clara — ela disse, com uma calma serena, enquanto pressionava suas mãos sobre as feridas dele. — Eu vou cuidar de você. Não se preocupe.

Sem saber como, Thiago confiou nela. Ele sentiu uma paz profunda, como se estivesse sendo levado por uma força maior, algo que ele não podia explicar, mas que o fazia se sentir seguro. Ana Clara, com paciência e sabedoria, usou suas ervas e conhecimentos para tratá-lo. Ela o levou para um local seguro na floresta, onde ele poderia descansar enquanto ela tratava de suas feridas.

Nos dias seguintes, Thiago acordava e se encontrava cada vez mais fascinado por essa mulher misteriosa. Havia algo em Ana Clara que o fazia sentir-se em casa, como se, de algum modo, ele tivesse sido guiado para ela. Ele nunca acreditou em coisas místicas ou espirituais, mas as coisas que ela fazia e as sensações que ele experimentava quando estava perto dela começavam a mudar sua visão de mundo.

— Como você pode fazer isso? — Thiago perguntou uma tarde, observando Ana Clara preparar uma poção de ervas que ele sabia ser capaz de curar suas dores. — Eu nunca vi nada igual. Como é possível?

— Eu apenas sinto, Thiago — ela respondeu, sorrindo suavemente. — O mundo é muito maior do que podemos ver com os olhos. Às vezes, é necessário ouvir com o coração.

Enquanto os dias passavam e a conexão entre eles crescia, o ambiente ao redor se tornava mais místico e intenso. A Amazônia, com sua força e energia, parecia envolver os dois, como se a própria floresta estivesse testemunhando a transformação que estava acontecendo entre eles. A cada olhar trocado, a cada gesto de cuidado, a relação deles se tornava mais profunda.

Mas, apesar de todo o carinho e afeto que ele sentia por ela, Thiago tinha um segredo, algo que ele não podia compartilhar. Ele vinha de um passado turbulento, marcado por escolhas erradas e um relacionamento fracassado. Tinha medo de que, se Ana Clara soubesse, ela o afastaria. Ele temia que o peso de seu passado fosse grande demais para ela carregar.

Em uma noite silenciosa, enquanto observavam as estrelas na clareira da floresta, Thiago finalmente decidiu falar.

— Ana Clara, eu preciso te contar algo — ele começou, a voz hesitante. — Eu não sou a pessoa que você pensa que sou. Eu cometi muitos erros na minha vida, coisas que... talvez você não possa perdoar.

Ela o olhou nos olhos, sem pressa de responder, apenas ouvindo. Ela sabia que ele estava lutando consigo mesmo, tentando encontrar coragem para se abrir.

— Thiago — ela disse, suavemente, tocando a mão dele com as suas. — Eu não sou aqui para julgar. Nossos passados não definem quem somos, mas nossas escolhas no presente sim. Você tem uma chance de recomeçar. E se você quiser, posso caminhar ao seu lado.

As palavras dela penetraram fundo no coração de Thiago. Ele sentiu o peso de sua culpa começar a se dissipar, e uma sensação de alívio tomou conta dele. Ele nunca imaginou que poderia ter uma segunda chance, mas ali, na selva amazônica, ele finalmente acreditou.

A relação deles floresceu de uma forma que Thiago jamais imaginara. Ele não só se curou fisicamente, mas também espiritualmente, à medida que se entregava à confiança e ao amor que Ana Clara lhe oferecia. Juntos, eles descobriram que o amor era uma força mais poderosa do que qualquer dor do passado, mais forte do que as feridas que ele carregava.

Ana Clara também encontrou algo em Thiago que ela não esperava: alguém que a desafiava a crescer, a ver a vida sob uma nova perspectiva. Embora a Amazônia fosse sua casa, ela também se sentiu mais viva com ele ao seu lado, com a promessa de que juntos poderiam explorar um futuro repleto de possibilidades.

Um mês depois, Thiago estava pronto para partir, mas desta vez, ele não estava indo embora sozinho. Ele e Ana Clara decidiram seguir seu caminho juntos, não apenas como amantes, mas como companheiros, compartilhando um amor que superava qualquer adversidade.

Enquanto embarcavam em uma nova jornada, agora mais unidos do que nunca, a Amazônia ao seu redor parecia sorrir para eles, como se a floresta também tivesse dado sua bênção.

— Entre o céu e a terra, nós encontramos nosso caminho — disse Thiago, enquanto caminhava ao lado de Ana Clara, seus corações batendo em sintonia.

E, naquele momento, eles souberam que o amor, assim como a floresta, tinha o poder de curar, transformar e guiar.

Between Heaven and Earth

A na Clara always had a gift. From a young age, she felt a deep connection with nature and the energies flowing around her. She grew up in the city of Manaus, but it was in the depths of the Amazon rainforest where she found her true purpose: to help others find healing, both physical and spiritual. She wasn't an ordinary healer. Her gift came from something more, something she barely understood, but that guided her every step.

It was on a hot summer afternoon, while she was on a deep spiritual retreat in the forest, that fate led her to cross paths with Thiago. He wasn't from Manaus. He was an experienced pilot for an airline, and his work took him flying across the entire Amazon region. He never imagined that one of these flights would bring him into Ana Clara's path.

The accident happened without warning. A malfunction in the engine caused the small plane Thiago was traveling in to crash into a dense tree in the jungle. The impact was devastating, but Thiago, miraculously, survived. Lost and injured, he fought to escape the wreckage. His body was sore and bleeding, but he still had the strength to call for help. Yet, the silence of the jungle enveloped him like a blanket.

It was then that Ana Clara heard the cries, faint but distinct, as she walked through the forest in search of medicinal herbs. Something in those sharp cries made her heart race, and she knew, somehow, that she had to go to him. Guided by intuition, she found the crash site, where Thiago lay unconscious, his face covered in dirt and blood.

"Are you okay?" she asked, kneeling beside him and gently examining his wounds. He could barely open his eyes, but his chest still rose and fell with labored breaths.

"I... I'm... I don't know..." Thiago tried to speak, but his words came out broken. He was weak, but something in Ana Clara's hands brought immediate relief. The energy she radiated seemed to heal him in a magical way, and he began to feel like he might survive.

"I'm Ana Clara," she said calmly, pressing her hands over his wounds. "I'll take care of you. Don't worry."

Without knowing how, Thiago trusted her. He felt a profound peace, as though he were being carried by a greater force, something he couldn't explain, but that made him feel safe. Ana Clara, with patience and wisdom, used her herbs and knowledge to treat him. She took him to a safe spot in the forest where he could rest while she tended to his wounds.

In the following days, Thiago woke up more and more fascinated by this mysterious woman. There was something about Ana Clara that made him feel at home, as though, in some way, he had been guided to her. He had never believed in mystical or spiritual things, but the things she did and the sensations he experienced when he was near her began to change his view of the world.

"How do you do this?" Thiago asked one afternoon, watching Ana Clara prepare an herbal potion he knew would ease his pain. "I've never seen anything like it. How is this possible?"

"I just feel it, Thiago," she replied, smiling softly. "The world is much bigger than we can see with our eyes. Sometimes, you have to listen with your heart."

As the days went by, and their connection deepened, the environment around them became more mystical and intense. The Amazon, with its strength and energy, seemed to embrace them, as though the forest itself was witnessing the transformation happening between them. With each exchanged look, each caring gesture, their relationship grew deeper.

But despite all the affection and love he felt for her, Thiago had a secret, something he couldn't share. He came from a troubled past, marked by wrong choices and a failed relationship. He was afraid that, if Ana Clara knew, she would push him away. He feared the weight of his past was too heavy for her to carry.

One quiet night, as they watched the stars in the clearing of the forest, Thiago finally decided to speak.

"Ana Clara, I need to tell you something," he began, his voice hesitant. "I'm not the person you think I am. I've made many mistakes in my life, things that... maybe you won't be able to forgive."

She looked him in the eyes, not rushing to respond, just listening. She knew he was struggling with himself, trying to find the courage to open up.

"Thiago," she said softly, touching his hand with hers. "I'm not here to judge. Our pasts don't define who we are, but our choices in the present do. You have a chance to start over. And if you want, I can walk beside you."

Her words pierced deep into Thiago's heart. He felt the weight of his guilt begin to lift, and a sense of relief washed over him. He never imagined he could have a second chance, but there, in the Amazon jungle, he finally believed.

Their relationship blossomed in a way Thiago had never imagined. He not only healed physically but spiritually, as he surrendered to the trust and love Ana Clara offered him. Together, they discovered that love was a force more powerful than any past pain, stronger than the wounds he carried.

Ana Clara also found something in Thiago she hadn't expected: someone who challenged her to grow, to see life from a new perspective. While the

Amazon was her home, she also felt more alive with him by her side, with the promise that together they could explore a future full of possibilities.

A month later, Thiago was ready to leave, but this time, he wasn't going alone. He and Ana Clara decided to walk their path together, not only as lovers but as companions, sharing a love that overcame any adversity.

As they embarked on a new journey, now more united than ever, the Amazon around them seemed to smile at them, as if the forest itself had given its blessing.

"Between heaven and earth, we found our way," Thiago said, walking beside Ana Clara, their hearts beating in unison.

And, in that moment, they knew that love, like the forest, had the power to heal, transform, and guide.